O Guia Prático da Linguagem MIPS Assembly

Didático, prático e fácil.

Marcos Tulio Gomes da Silva Junior

ISBN: 9781078217828
Independently published
Amazon.com

DEDICATÓRIA

Dedico esse livro a Deus, a minha família e a todos os alunos que estudaram, estuda ou estudarão a disciplina de Arquitetura e Organização de Computadores e em específico quem necessita estudar a linguagem do montador.

AGRADECIMENTOS

Agradeço a Deus pelo Dom da vida, que me possibilitou realizar este grande desejo. Agradeço a minha família, em especial a minha esposa, Cláudia Gomes e as minhas filhas Déborah Gomes, Rebeca Gomes e Júlia Gomes pela paciência e pelas horas que lhe faltei por dedicar-me a compilação deste livro, agradeço aos meus Pais por terem me criado com tanto carinho e dedicação. Agradeço aos meus alunos pelos estímulos e pela confiança depositada para trazer um conteúdo didático.

"Quem mal lê, mal ouve, mal fala, mal vê!"

Monteiro Lobato

PREFÁCIO E APRESENTAÇÃO

Este livro foi desenvolvido para que o aprendizado seja gradativo. Tudo foi pensado de maneira que você sinta-se que está sendo direcionado e conduzido de forma prática e fácil. Todos os códigos estão comentados, facilitando assim o entendimento.

É muito importante que seja feito o download do simulador MARS no site da Faculdade do Estado de Missouri para colocar em prática os códigos explicados no guia.

Os exemplos que foram codificados neste livro, exploram algoritmos que trabalham com dados do tipo inteiro (.word) e string (.asciiz).

Será tema de um próximo livro a codificação de algoritmos usando os tipos de dados com ponto flutuante (.float e .double).

Bons estudos!

Sumário

Capítulo 1 – O MIPS

1.1 Microprocessor without Interlocked Pipeline Stages

O Processador MIPS é a CPU escolhida para o futuro da computação e é amplamente utilizado e apoiado por um grupo de parceiros de *hardware* e *software.*

O MIPS foi adquirido pela *Wave Computing* em junho de 2018, criando os primeiros sistemas de inteligência artificial e soluções incorporadas. Neste mesmo período passou a fornecer uma plataforma única para aprendizado.

Esta empresa é uma fornecedora líder de arquiteturas e núcleos de processadores, aprimorados com a adição da tecnologia de processamento de fluxo de dados e de melhores algoritmos que o fazem ter um melhor desempenho.

Hoje os processadores MIPS são enviados em bilhões de unidades para todo o mundo, chegando até as bordas externas do nosso sistema solar.

Este pequeno chip é amplamente usado em produtos para entretenimento ao consumidor, em dispositivos de redes domésticas e equipamentos de infraestrutura, *modems* LTE e aplicativos incorporados.

Este circuito está no centro de um número crescente de dispositivos voltados para a Internet das Coisas (*IoT*), sistemas avançados de assistência ao motorista (*ADAS*) e aplicativos inteligentes emergentes, incluindo veículos autônomos. Visite o site do fabricante em www.mips.com

1.2 Assembly

Segundo o conceito da máquina multinível, tudo o que é executado em nosso computador é traduzido para a linguagem assembly e depois executado em linguagem de máquina (binária), que por sua vez executa as instruções de máquina nos circuitos lógicos.

No nível de execução do montador (também chamado de nível ISA – Instruction Set Architecture), todas as instruções assembly são traduzidas para a linguagem binária (0 e 1) para depois serem processadas pelos circuitos eletrônicos: eis a razão da necessidade de um compilador assembly nos processadores.

1.3. Assembler and Runtime Simulator

O simulador que iremos usar em nosso ambiente de estudo será o MARS - *MIPS Assembler and Runtime Simulator* – que é uma IDE para a linguagem de programação MIPS Assembly, desenvolvida pela Universidade do Estado de Missouri, nos EUA, que tem como mantenedores os professores: Dr. Pete Sanderson e Dr. Ken Vollmar.

1.4. Vantagens

O MIPS assembly é didático, porque o criador do MIPS, também é o criador do simulador MARS, além de ter vários livros publicados sobre o assunto, deixando o conhecimento mais diversificado.

O MIPS assembly permite criar ações de alta complexidade, que geralmente é de difícil implementação nas linguagens de alto nível por ter que encadear diversas estruturas, sendo neste caso, o assembly, mais rápido e direto para desviar o fluxo de execução.

As execuções de programas em assembly, possuem maior desempenho e é muito usado em sistemas críticos (*Real Time*). Possui uma ampla fatia do mercado na área de núcleos embarcados, sendo também encontrado em roteadores, em drones, em carros autônomos, em servidores, em dispositivos PDA, em consoles de jogos, em dispositivos de armazenamento, em impressoras, dentre outros.

Ser um conhecedor desta linguagem de programação é abrir portas nunca antes vislumbradas, além de obter conhecimento diferenciado no mercado de trabalho.

1.5. Desvantagens

Como toda linguagem de baixo nível, o assembly é mais complexo para aprender de início, sendo necessário uma maior dedicação em seu estudo.

Uma sugestão é que você reserve diariamente um tempo para se dedicar ao estudo e assim você obterá um maior grau de experiência ao fim do treinamento.

O assembly é específico para cada arquitetura de computador construída, ou seja, o MIPS assembly é uma arquitetura RISC que por sua vez é totalmente diferente do assembly para a arquitetura CISC.

A linguagem de programação assembly demanda em geral mais tempo na construção dos códigos de programação do que outras linguagens, por exemplo, o que você codificaria em alguns dias em linguagem Java ou python, você passaria semanas codificando em assembly.

A linguagem assembly também é considerada crua e com poucos recursos (bibliotecas) e possui uma difícil manutenção já que em comparação com outras linguagens, a quantidade de linhas de código de um programa é maior.

Capítulo 2 - O Simulador M.A.R.S.

O MARS, conhecido como MIPS Assembly e simulador em tempo de execução, assembla e simula a execução de programas da linguagem MIPS assembly. O simulador é escrito em Java e não requer a instalação, mas requer que a Máquina Virtual Java (JVM) esteja instalado para que o simulador funcione.

A seguir mostraremos como você pode realizar a instalação do Java e a execução da aplicação no Windows® e no Linux.

2.1. No Windows®

a. Instale o Java em seu computador.

Acesse

https://www.oracle.com/technetwork/java/javase/downloads/index.html

b. Faça o download do simulador MARS no link:

http://courses.missouristate.edu/KenVollmar/mars/MARS_4_5_Aug2014/Mars4_5.jar

c. Execute o arquivo Mars_4_5.jar clicando duas vezes em cima do ícone

2.2. No Linux

Siga os passos:

a. Instale o Java

sudo apt-get install default-jre -y

sudo apt-get install default-jdk –y

b. Faça o download do simulador MARS no link:

http://courses.missouristate.edu/KenVollmar/mars/

MARS_4_5_Aug2014/Mars4_5.jar

c. Execução do simulador pelo ambiente texto:

java –jar Mars4_5.jar e para executar seu código diretamente no shell digite:

java –jar Mars4_5.jar mips1.asm

d. Execução do simulador pelo ambiente gráfico:
Localize o arquivo Mars4_5.jar e dê dois cliques
para executá-lo.

2.3. Tela do programa MARS em execução

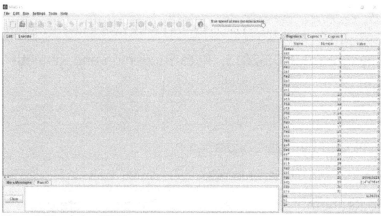

Figura 2: Simulador MARS

2.4. Limitações do MARS 4.5

* O trabalho com memória no simulador é limitada à 4MB.
Não há execuções em pipelines. Não abre arquivos se eles
forem links ou ícones para outros arquivos. Possui poucas
configurações em que o usuário possa alterar.

* BUGS: apenas informa que o código contém erro. Alguns usuários relatam que a IDE fica lenta quando se codifica por muito tempo, abrindo vários arquivos. O problema desaparece se o MARS for reiniciado.

2.5. Licença de uso do MARS

Copyright (c) 2003-2013, Pete Sanderson and Kenneth Vollmar

Developed by Pete Sanderson
(psanderson@otterbein.edu)
and Kenneth Vollmar (kenvollmar@missouristate.edu)

Permission is hereby granted, free of charge, to any person obtaining a copy of this software and associated documentation files (the "Software"), to deal in the Software without restriction, including without limitation the rights to use, copy, modify, merge, publish, distribute, sublicense, and/or sell copies of the Software, and to permit persons to whom the Software is furnished to do so, subject to the following conditions:

The above copyright notice and this permission notice shall be included in all copies or substantial portions of the Software.

THE SOFTWARE IS PROVIDED "AS IS", WITHOUT WARRANTY OF ANY KIND, EXPRESS OR IMPLIED, INCLUDING BUT NOT LIMITED TO THE WARRANTIES OF MERCHANTABILITY, FITNESS FOR A PARTICULAR PURPOSE AND NONINFRINGEMENT.

IN NO EVENT SHALL THE AUTHORS OR COPYRIGHT HOLDERS BE LIABLE FOR ANY CLAIM, DAMAGES OR OTHER LIABILITY, WHETHER IN AN ACTION OF CONTRACT, TORT OR OTHERWISE, ARISING FROM, OUT OF OR IN CONNECTION WITH THE SOFTWARE OR THE USE OR OTHER DEALINGS IN THE SOFTWARE.

(MIT license, http://www.opensource.org/licenses/mit-license.html)

Capítulo 3 – Os registradores

3.1. Registradores MIPS

Os registradores são as pequenas memórias contidas dentro da CPU que serve para armazenar os dados e os resultados das operações realizadas pela ULA – unidade lógica e aritmética.

No processador MIPS nós encontramos 32 registradores, cada um possui um tamanho bem limitado de 32 bits de armazenamento de dados.

Os registradores são altamente velozes, chegando a executar uma instrução entre 1 a 2 nano segundos. Na arquitetura MIPS, podemos encontrar os registradores de uso geral (os de dados) e registradores de uso específico (de controle e de status). Os registradores possuem duas operações básicas: GRAVAR (*Write*) e LER (*Read*).

3.2. Tabela de registradores do MIPS

Nome	Nº	Uso
$0 ou $zero	0	Registrador com valor constante igual a zero.
$at	1	Assemblador temporário – reservado ao montador
$v0-$v1	2-3	Registradores que recebem as funções de chamada do sistema.
$a0-$a3	4-7	Registradores para passagem de argumentos.
$t0-$t7	8-15	Registradores temporários (não preservam os valores).
$s0-$s7	16-23	Registradores que preservam (salvam) os valores.
$t8-$t9	24-25	Registradores temporários (não preservam os valores).
$k0-$k1	26-27	Registradores para kernel do sistema operacional.
$gp	28	Registrador para ponteiro global.
$sp	29	Registrador apontador para pilha.
$fp	30	Registrador para apontador de frame.
$ra	31	Registrador para guardar o endereço de retorno.
$pc		Registrador especial usado para contar as execuções dos programas (program counter)
$lo		Registrador especial, guardam resultados da multiplicação e divisão. Não é acessado diretamente, precisa usar o comando mflo.
$hi		Registrador especial, guardam resultados da multiplicação e divisão. Não é acessado diretamente, precisa usar o comando mfhi.

Os registradores na arquitetura MIPS são precedidos por um '$' (cifrão) e podemos representá-los usando seu nome ou seu número.

3.3. Registradores do Coprocessador 1 - Coproc1

Nome do Registrador	Float	Double
$f0	0.0	0.0
$f1	0.0	
$f2	0.0	0.0
$f3	0.0	
$f4	0.0	0.0
$f5	0.0	
$f6	0.0	0.0
$f7	0.0	
$f8	0.0	0.0
$f9	0.0	
$f10	0.0	0.0
$f11	0.0	
$f12	0.0	0.0
$f13	0.0	
$f14	0.0	0.0
$f15	0.0	
$f16	0.0	0.0
$f17	0.0	
$f18	0.0	0.0
$f19	0.0	
$f20	0.0	0.0

$f21	0.0	
$f22	0.0	0.0
$f23	0.0	
$f24	0.0	0.0
$f25	0.0	
$f26	0.0	0.0
$f27	0.0	
$f28	0.0	0.0
$f29	0.0	
$f30	0.0	0.0
$f31	0.0	

3.4. Registradores do Coprocessador 1 - Coproc2

Nome	Número	Valor	Uso
$8 (vaddr)	8	0	Endereço de memória com ocorrência problemática
$12 (status)	12	65297	Bit de habilitação e máscara de interrupção
$13 (causa)	13	0	Tipo de exceção e bits de interrupções pendentes
$14 (epc)	14	0	Endereço que causou a exceção

3.5. Registradores $v0 e $v1

Os registradores $v0 e $v1 são registradores que recebem valores das expressões e resultado de funções.

Servem como retorno de chamadas do sistema – *Syscall*.
Vejamos os serviços mais usados na tabela abaixo:

O registrador $v0 é uma espécie de chaveador.
Alguns números recebidos nele, fará com que o
processador MIPS execute funções específicas.

Serviço	$v0	Argumento	Resposta
Imprime um inteiro	1	$a0 deve conter o número inteiro a imprimir	
Imprime um *float*	2	$f12 deve conter o número *float* a imprimir	
Imprime um *double*	3	$f12 deve conter o número *double* a imprimir	
Imprime uma *string*	4	$a0 deve conter a *string* a imprimir	
Lê um número inteiro	5		$v0 armazena o número inteiro digitado pelo usuário.
Lê um número *float*	6		$f0 armazena o número *float* digitado pelo usuário.
Lê um número *double*	7		$f0 armazena o número *double* digitado pelo usuário.

Lê uma *string*	8		$a0 armazena a *string* digitada pelo usuário.
Sair	10		

Note que manipular o registrador $v0 com as instruções 1, 2, 3 e 4, correspondem as funções básicas de saída de dados, enquanto que 5, 6, 7 e 8 são as de entrada de dados.

Acesse a ajuda do MARS (*Help*), e verás que esta tabela estende-se até a opção de serviço de número 59. Acessando a opção

Figura 3: Tabela do Syscall

Help no MARS você encontrará uma aba denominada de *Syscalls*. Abra a aba e veja a tabela completa dos serviços de chamada de sistema.

3.6. Registradores $a0 e $a1

Os registradores de argumentos recebem os dados à serem direcionados para o *output* do sistema. Por exemplo, se o registrador $v0 for setado com a opção de serviço número 4 (imprimir uma *string*), nós precisamos carregar o registrador $a0 com a *string* que queremos que seja exibida na saída de dados.

3.7. Registradores $t0 a $t9

Os registradores temporários são as memórias de trabalho, nosso programa usará os registradores para executar instruções na ULA e armazenar seu resultado. Qualquer número inteiro poderá ser registrado neles.

Já os números do tipo *float* ou *double* serão tratados nos registradores do Coprocessador 1 (Coproc1).

3.8. Registradores $s0 a $s7

Os registradores *saved* conseguem preservar os valores. Uma sub-rotina que usa um desses deve salvar o valor original e restaurar antes do programa terminar. Estes valores são preservados na chamada da sub-rotina.

3.9. Registradores $f0 a $f31

Os registradores do coprocessador 1 são usados para armazenarem os dados com ponto flutuante, ou seja, com casas decimais. Os registradores do Coproc1 estão subdivididos em *float* e *double*.

Capítulo 4 – As estruturas do MIPS

4.1. Componentes da programação MIPS assembly

Componente	Função
# Sim	Comentário
.data	Diretiva
li, la, add, beq, j	Instrução
$v0, $a0, $t0, $t1, $s0	Registradores
Principal: main:	Etiquetas

12.56, 3, 0xAFB	Dado
"Olá Mundo!", "Marcos", "Oi"	String
'S', ',N'	Caractere

4.2. Template do código MIPS assembly

Autor: digite seu nome aqui

Data: ____/____/ _____

Descrição: Informe aqui qual o propósito do programa.

.data   # Diretiva de dados

Área de segmentação de dados:

Aqui são definidas as constantes e as variáveis do programa

.text   # Diretiva de texto

Área de segmentação de texto:

Aqui ficam as instruções MIPS do código do programa

.globl **programa**   # Diretiva global

programa: # O programa principal começa aqui

4.3 Diretiva .data

A diretiva *.data* é o segmento de código separado para a declaração das constantes e das variáveis. Podemos também chamar esta área de diretiva de dados.

4.3.1. Declaração de constantes e variáveis

Para declararmos constantes ou variáveis no código MIPS assembly, precisamos primeiramente, definir um nome à variável. Depois é necessário definir o tipo de dados que será armazenado e por último definimos o conteúdo da constante ou da variável.

Sintaxe:

<u>\<nome da variável ou constante></u>**\<:>** \<<u>tipo</u>> \<<u>valor</u>>

4.3.2. Diretivas de tipagem de dados

A tipagem de dados no assembly é uma diretiva, e como todas as diretivas, devem começar com um ponto. Vejamos algumas das principais tipagens:

Diretiva de Tipagem	Tipo
.asciiz	Usado para declarar uma constante ou variável do tipo texto (*String*)
.word	Usado para declarar uma constante ou variável do tipo inteiro (*Integer*)
.float	Usado para declarar uma constante ou variável do tipo decimal (*Float*)
.double	Usado para declarar uma constante ou variável do tipo decimal (*Double*)
.byte	Usado para declarar uma constante ou variável do tipo caractere (*Char*)
.space **<qtde>**	Usado para declarar uma constante ou variável do tipo *String* com espaços em branco.

A diretiva *.asciiz* define uma constante ou variável do tipo cadeia de caracteres, uma *string*.

msg:	*.asciiz*	"Olá mundo!"

A diretiva *.word* define uma constante ou variável do tipo numérico inteiro.

dia:	*.word*	22

A diretiva *.float* define uma constante ou variável do tipo numérico com ponto flutuante.

pi_f:	*.float*	3.14

A diretiva *.double* define uma constante ou variável do tipo numérico com ponto flutuante.

pi_d:	*.double*	3.14

A diretiva *.byte* define uma constante ou variável do tipo caractere.

resp:	*.byte*	'n'

A diretiva *.space* define uma constante ou variável do tipo string e inicia-os com espaços vazios.

nome:	*.space*	40

Veja o *Help* do simulador MARS e acesse a aba das diretivas para pesquisar sobre outras diretivas usadas na tipagem de variáveis.

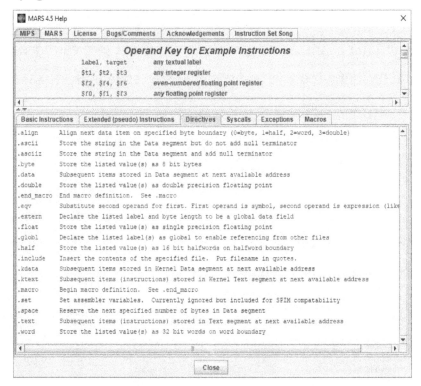

4.4. Diretiva *.macro* e *end_macro*

As macros são usadas para criarem sub-rotinas. Criamos as sub-rotinas definindo um nome e a utilizamos para executar um procedimento ou uma função dentro do nosso código. A sub-rotina modulariza o programa, deixando-o mais refinado. Aos ser carregado na memória, apenas o módulo principal é inicializado e se o programa fizer uma chamada de sub-rotina é que ela será carregada na memória para a execução. Esta estratégia deixa a execução do programa mais rápida.

4.4.1. Sub-rotinas

Por exemplo, podemos criar uma sub-rotina para finalizar o nosso programa através de uma macro, que chamei neste exemplo de macro fim:

```
.macro fim          # Início da macro chamada fim
    li $v0, 10      # Configura para fim do programa
    syscall         # Executa a instrução
.end_macro          # Fim da macro
```

Lembrete: lendo imediatamente (**instrução li**) o número inteiro 10 no registrador $v0, configura o serviço de fim do programa (*Exit*). Isto é equivalente a dizer que o registrador $v0 recebe o número inteiro 10 ou simplesmente $v0 = 10. Relembre no subitem 3.5.

Para criarmos uma função, precisamos definir que a nossa função receberá uma entrada através da macro. Esta entrada será processada pela macro e ao final do processo, sairá da macro um retorno.

Nas linguagens de programação em alto nível, geralmente as funções são acompanhadas de um parêntese para representar a entrada de dados. Por exemplo, em linguagem C, usamos a função printf("Olá"); para imprimir uma *string* na tela. Já em MIPS assembly precisamos criar uma macro que receba um valor no registrador e criar um mini código para tratar o valor do registrador. Esta programação será demonstrada mais a frente. no código descrito no subitem 5.3.

4.5. Diretivas .globl e .text

A diretiva global para o MIPS assembly é semelhante a função principal main() da linguagem C ou a procedimento público no Java. Com o advento da modularização do código, a linguagem precisa saber qual o módulo que deve ser inicializado primeiro, sendo assim reconhecido como a função principal do sistema. No assembly essa diretiva é conhecida como *.globl*

Nós já vimos anteriormente que um código MIPS assembly possui segmentações, também chamamos de diretivas e que são muito usadas nos códigos: *.data* e a *.text*, sendo a diretiva *.data* um segmento (uma área) destinada a declaração das constantes e variáveis e a diretiva *.text* um segmento destinada propriamente dito ao código do programa. Vejamos a aplicação das diretivas *.data, .text e .globl*

Exemplo 01:

```
.data            # Diretiva de dados
.text            # Diretiva de texto
    li $v0, 10   # Configura o fim do programa
    syscall      # Executa a instrução
```

Neste exemplo temos uma diretiva segmentando os dados (.data) e temos uma diretiva segmentando a área de construção do código (.text). No simulador MARS a diretiva .globl ela pode ser abstraída em algumas condições, principalmente se não houver fatores que causem conflitos como por exemplo, vários blocos de execução.

Exemplo02:

```
.data               # Diretiva de dados
    pi: .float 3.14 # Variável tipo float
.text               # Diretiva de texto
.globl principal    # Definimos executar principal


principal:          # Bloco denominado de principal
    li $v0, 10      # Configura o fim do programa
    syscall         # Executa a instrução
```

Este código está dividido em diretiva de dados (segmento de dados), com um exemplo de criação de uma variável do tipo .float.

Na diretiva .text encontramos o código, muito simples, separando a execução por uma função principal.

A configuração da função principal é definida pela diretiva .globl, e dentro da função principal temos dois comandos que configuram o processador para apenas terminar o programa.

Capítulo 5 – Os primeiros programas

5.1. Olá Mundo! (simplificado)

Vamos criar nosso primeiro código. O famoso "Olá Mundo!". Primeiro precisamos entender duas instruções: **li** e **la**. A instrução **li** serve para ler imediatamente um valor num registrador e a instrução **la** serve para ler imediatamente um endereço de memória num registrador. Vejamos nosso código:

```
.data                   # Diretiva de dados
    msg:    .asciiz     "Olá mundo!"
.text                   # Diretiva de texto
    li $v0, 4           # Impressão de string
    la $a0, msg         # Carrega msg no registrador
    syscall             # Executa a instrução
    li $v0, 10          # Fim do programa
    syscall             # Executa a instrução.
```

Como é um código muito pequeno e não está dividido em blocos ou usando diversas funções e procedimentos, o MARS entende que abaixo do texto tudo faz parte da função principal. Como seria implantar a diretiva *.globl* no código anterior?

5.2. Olá Mundo! (com .globl)

```
.data                       # Diretiva de dados
    msg:        .asciiz     "Olá mundo!"
.text                       # Diretiva de texto
.globl bloco1               # Diretiva global
bloco1:                     # Bloco de código bloco1
    li $v0, 4               # impressão de string
    la $a0, msg             # $a0 recebe msg
    syscall                 # Executa
    li $v0, 10              # Fim do programa
    syscall                 # Executa
```

5.3. Olá Mundo! (com .globl e com .macros)

Neste código, cada função ou procedimento poderá ter sua diretiva *.data* e *.text* em particular. Vejamos como   fica:

```
.data                           # Diretiva de dados
.macro finalizarprograma        # Macro
    li $v0, 10                  # Sair do programa
```

```
        syscall              # Executa
.end_macro                   # Fim da macro
.macro printf (%str)         # Macro printf
    .data                    # Diretiva de dados da macro
        msg: .asciiz %str    # Declaração da variável msg
    .text                    # Diretiva text da macro
        li $v0,4             # Imprimir string
        la $a0, msg          # Carrega msg no registrador
syscall                      # Executa
.end_macro                   # Fim da macro printf
.text                        # Diretiva text
.globl principal             # Diretiva global
principal:                   # Bloco de código principal
    printf("Olá Mundo!\n")   # Executa a função printf
    finalizarprograma        # Executa o procedimento
```

Capítulo 6 – As instruções

6.1. As instruções MIPS

O assembly é uma linguagem de programação de baixo nível sendo uma representação simbólica de códigos binários, também chamados de linguagem de máquina.

O assembly possui micro-instruções, que indicam operações que o processador deve realizar. Um conjunto ordenado de zeros e uns constitui uma instrução. As instruções do processador MIPS são compostas por 32 bits.

6.2. Instruções de leitura e escrita

6.2.1. li

SINTAXE: li <registrador>,<valor imediato>

A instrução load immediately (ler imediatamente) é uma facilidade de leitura que foi implantada na linguagem para atribuir um valor inteiro diretamente a um registrador.

Exemplo:

li $t0, 5   # Atribuindo o valor 5 ao registrador $t0

li $t1, 3   # Atribuindo o valor 3 ao registrador $t1

li $t2, -2   # Atribuindo o valor -2 ao registrador $t2

li $t3, 10   # Atribuindo o valor 10 ao registrador $t3

6.2.2. la

SINTAXE: la <registrador>,<endereço de memória variável>

A instrução *load address* (ler pelo endereço de memória da variável) é uma facilidade de leitura que foi implantada na linguagem para atribuir o valor armazenado numa variável diretamente num registrador. Usamos esse comando no código para exibir mensagem *string* na tela, no exemplo do Olá Mundo, no subitem 5.1.

```
.data                  # Diretiva de dados
  msg:  .asciiz        "Olá Mundo!"
.text                  # Diretiva texto
  la $a0,  msg         # $a0 = msg
  li $v0, 4            # Imprime uma string
  syscall              # Executa
```

Veja este outro exemplo:

Este outro código, criei uma variável chamada idade que tem um valor de 43. Fiz a leitura do endereço de memória da variável no registrador $t0. Vamos ver como ficou a tela de execução no MARS:

```
.data                    # Diretiva de dados
    idade:  .word    43  # idade = 43
.text                    # Diretiva de texto
la $t0, idade            # $t0 = idade
li $v0, 10               # Sair do programa
syscall                  # Executa
```

Registradores:

Registers	Coproc 1	Coproc 0
Name	Number	Value
$zero	0	0
$at	1	268500992
$v0	2	10
$v1	3	0
$a0	4	0
$a1	5	0
$a2	6	0
$a3	7	0
$t0	8	268500992
$t1	9	0
$t2	10	0
$t3	11	0
$t4	12	0

Figura 4: Resultado dos registradores

Segmento de dados:

Data Segment		
Address	Value (+0)	Value (+4)
268500992	43	0
268501024	0	0
268501056	0	0
268501088	0	0
268501120	0	0
268501152	0	0
268501184	0	0
268501216	0	0

Figura 5: Segmento de dados

Veja no segmento de dados que na posição de memória **268500992** tem um valor 43 em *Value* (+0). Este mesmo valor está sendo mostrado em $t0 e em $at (registrador para **a**rgumento **t**emporário, usado pelo compilador do simulador). Com a instrução **la** podemos apontar um endereço de memória e armazenar esse valor num registrador para posteriormente localizar o conteúdo através de outra instrução.

6.2.3. lw

SINTAXE: lw <registrador>,<variável>

As instruções de leitura e escrita utilizam acesso direto à memória principal. As memórias possuem dois status: grava ou lê. Usaremos a instrução **l<tipagem>** para ler um dado na memória RAM e gravar num registrador. A tipagem depende da definição do tipo de constante ou variável que você criou no início.

Exemplo: Criamos uma constante do tipo *.word* que registra números inteiros. Lembre-se que a área de declaração de variáveis no código MIPS assembly fica na diretiva *.data* ou segmento de dados. Vejamos:

```
.data                    # Diretiva de dados
idade: .word      40     # idade = 40
```

Na diretiva *.text*, nós podemos faremos a leitura do valor da constante e gravaremos num registrador. Usaremos a instrução l<tipagem> (load) para ler o valor da constante diretamente num registrador. Escolheremos neste exemplo o registrador **$t0** para receber o valor constante idade que vale 40 (inteiro). Como a constante é do tipo *.word*, usaremos a instrução: **lw**

```
.text                    # Diretiva de texto
  lw  $t0, idade         # $t0 = idade
  syscall                # Executa
```

Abra seu simulador MARS, e digite esse código abaixo. Salve seu código e depois clique na ferramenta para assemblar seu código.

Veja o registrador $t0. Se tudo deu certo o número 40 deverá estar dentro do registrador.

```
.data                    # Diretiva de dados
  idade:      .word 40   # idade = 40
.text                    # Diretiva de texto
  lw $t0, idade          # $t0 = idade
  li $v0, 10             # Sair do programa
  syscall                # Executa
```

Veja o valor no registrador $t0 como ficou:

Registers	Coproc 1	Coproc 0
Name	Number	Value
$zero	0	0
$at	1	268500992
$v0	2	10
$v1	3	0
$a0	4	0
$a1	5	0
$a2	6	0
$a3	7	0
$t0	8	40
$t1	9	0
$t2	10	0
$t3	11	0

Figura 6: Valor do Registrador $t0

6.2.4. sw

SINTAXE: sw <registrador>,<variável>

Usaremos a instrução **sw** (save) para gravar um dado de um registrador diretamente na memória RAM. Esta instrução é o inverso da instrução **lw** (load).

Neste exemplo, criaremos uma variável chamada idade, do tipo .word, inicializada com o valor zero.

O programa irá pedir ao usuário que digite um número inteiro e este número inteiro será gravado na variável idade. O registrador que será manipulado será o $t0. Ao final da execução do código será possível ver o valor digitado no registrador $t0 e na variável idade que estará na área *Value* +0 no simulador MIPS.

```
.data                       # Diretiva de dados
    idade: .word   0        # idade = 0
.text                       # Diretiva de texto


# Pedindo para o usuário digitar um valor
    li $v0, 5               # Ler um número inteiro
    syscall                 # Executa
    move $t0, $v0           # $t0 recebe $v0


# Salvando na variável o número digitado
    sw $t0, idade           # $t0 = idade


# Finalizando o programa
    li  $v0, 10             # Sair do programa
    syscall                 # Executa
```

Quando executamos o código, foi digitado o valor 43 e na tela do MARS apresentou o valor 43 no registrador $t0 e na área de segmentação de dados (*Data Segment*) na coluna *Value* (+0).

Segmento de Dados:

Address	Value (+0)	Value (+4)	Value (+8)
268500992	43	0	0
268501024	0	0	0
268501056	0	0	0
268501088	0	0	0
268501120	0	0	0
268501152	0	0	0
268501184	0	0	0
268501216	0	0	0

0x10010000 (.data)

Figura 7: Segmento de dados

Registradores:

Name	Number	Value
$zero	0	0
$at	1	268500992
$v0	2	10
$v1	3	0
$a0	4	0
$a1	5	0
$a2	6	0
$a3	7	0
$t0	8	43
$t1	9	0
$t2	10	0

Figura 8: Valor nos registradores

Vejamos este outro exemplo, usando a instrução **sw** para construir um vetor de dados inteiros (.word).

Vamos ver como ficaria um código em MIPS assembly trabalhando com vetores (*Array*).

```
.data                   # Diretiva de dados
vetor1: .space 12       # vetor1 = 3 números
.text                   # Diretiva de texto
  la $t0,vetor1         # Carrega o vetor em $t0
  li $t1,5              # $t1 = 5 Value(+0)
  sw $t1,0($t0)         # Primeiro elemento
  li $t1,13             # $t1 = 13 Value(+4)
  sw $t1,4($t0)         # Segundo elemento
  li $t1,-7             # $t1 = -7 Value(+8)
  sw $t1,8($t0)         # Terceiro elemento
  li $v0, 10            # Sair do programa
  syscall               # Executa
```

No código acima, mostra que existe um vetor chamado vetor1 do tipo .space, separando 12 espaços de memória. Este código vai armazenar 3 valores do tipo .word (inteiro), cada valor .word ocupará 4 espaços de memória. Após a execução do código a área de segmentação de dados ficou assim:

Segmento de dados:

Address	Value (+0)	Value (+4)	Value (+8)
268500992	5	13	-7
268501024	0	0	0
268501056	0	0	0
268501088	0	0	0
268501120	0	0	0
268501152	0	0	0
268501184	0	0	0
268501216	0	0	0

0x10010000 (.data)

Figura 9: Segmento de dados

A segmentação de dados mostra que em *Value* (+0) foi armazenado o valor 5, em *Value* (+4), o valor 13 e em *Value* (+8) valor -7.

6.2.5. *lb* e *sb*

As instruções **lb** (*load byte*) e **sb** (*save byte*), tratam dados do tipo caractere. O byte é usado para armazenar o código da representação dos caractere na tabela ASCII. É só lembrar que 8 bits forma 1 byte e 1 byte é o espaço de representação de 1 caractere, seja letra, número ou símbolo. Vejamos o código:

```
.data                      # Diretiva de dados
  var1:   .byte  'A'       # var1 = 'A'
.text                      # Diretiva de texto
  lb $t0, var1             # $t0 = var1
  li $t1, 97               # $t1 = 97
  sb $t1, var1             # $t1 = var1
```

Neste exemplo criei uma variável chamada de var1 do tipo .byte, contendo o caractere 'A'.

Sabemos que o caractere 'A' tem o valor 65 na tabela ASCII. Coloquei em $t1 o valor de 97 e depois alterei o valor da variável var1 também para 97 usando o valor armazenado em $t0.

É possível ver na área de segmento de dados que está armazenado o valor de 97 lá também.

Vejamos a tela do MARS após a execução do código:

Registradores:

Registers	Coproc 1	Coproc 0	
Name	Number	Value	
$zero	0	0	
$at	1	268500992	
$v0	2	0	
$v1	3	0	
$a0	4	0	
$a1	5	0	
$a2	6	0	
$a3	7	0	
$t0	8	65	
$t1	9	97	
$t2	10	0	

Figura 10: Valor dos registradores

Segmentação de dados:

Data Segment		
Address	Value (+0)	Value (+4)
268500992	97	0
268501024	0	0
268501056	0	0
268501088	0	0
268501120	0	0
268501152	0	0
268501184	0	0
268501216	0	0

Figura 11: Segmento de dados

É possível ver o char 'a' em *Value* (+0), na área de segmentação de dados quando você alterar a exibição para [x] Ascii. Experimenta alterar o modo de exibição dos dados e veja se você consegue ver o caractere 'a' armazenado.

6.3. Instruções de movimentação

6.3.1. move

SINTAXE:

move <registrador_destino>,<registrador_origem>

A instrução *move* copia os dados do registrador origem para o registrador destino. É uma instrução de movimentação de dados, de transferência de dados. Usamos muito a instrução *move* quando setamos o registrador $v0 para receber dados de entrada do usuário, por exemplo, pedir ao usuário que ele digite um número inteiro.

O dado que é recebido, fica armazenado no registrador $v0 temporariamente, sendo então necessária a movimentação do valor armazenado em $v0 para outro registrador, pelo seguinte motivo: com a manipulação do registrador $v0 para que o sistema realize outras tarefas perderemos a informação que fora antes armazenada. Usamos a instrução *move* da seguinte forma:

.data	# Diretiva de dados
.text	# Diretiva de texto
li $v0, 5	# Ler um número inteiro do teclado
syscall	# Executa
move $t0, $v0	# Salvar no registrador $t0
li $v0 ,10	# Sair do programa
syscall	# Executa

O número digitado será armazenado inicialmente no registrador **$v0** e o comando *move* fará uma movimentação do número para o registrador **$t0**. No momento da execução do código, foi digitado o número inteiro 2019 como entrada. Veja como ficou nos

Registers	Coproc 1	Coproc 0
Name	**Number**	**Value**
$zero	0	0
$at	1	0
$v0	2	10
$v1	3	0
$a0	4	0
$a1	5	0
$a2	6	0
$a3	7	0
$t0	8	2019
$t1	9	0
$t2	10	0
$t3	11	0

registradores: Figura 12: Valor nos registradores

Fizemos a movimentação do dado que estava em $v0 para $t0. Veja que depois manipulamos o registrador $v0 para ele receber o número inteiro 10 que faz uma chamada de sistema para finalizar o programa. Se não fosse a movimentação com a instrução *move*, o número 2019 que estava registrado anteriormente teria sido perdido.

6.3.1. mfhi

SINTAXE: mfhi <registrador_destino>

A instrução **mfhi** copia a informação que está no registrador hi para o registrador destino. O registrador hi é usado na multiplicação e na divisão para ganho de funcionalidade. Por exemplo, na divisão o registrador hi pode conter o resto da divisão, nos possibilitando assim sabermos se um determinado número é par ou ímpar.

A instrução que vou mostrar agora é a instrução **div** que realiza a divisão do número contido no registrador 1 pelo registrador 2.

Exemplo:

X = 5; Y = 2

Se eu dividir 5 / 2 e for buscar o resto desta divisão encontraremos 1 como resultado, indicando que 5 é ímpar.

Vou colocar o número 5 no registrador $t1 e o número 2 no registrador $t2.

Usarei a instrução **div** para dividir o registrador $t1 pelo registrador $t2 e em seguida farei a movimentação dos dados do registrador **hi** para o registrador $t0.

Ao final o registrador $t0 deverá mostrar o valor 1 indicando que 5 é ímpar.

```
.data              # Diretiva de dados
.text              # Diretiva de texto
    li $t1, 5      # $t1 = 5
    li $t2, 2      # $t2 = 2
    div $t1, $t2   # hi = $t1/$t2
    mfhi $t0       # Registrador $t0 recebe hi
    li $v0, 10     # Sair do programa
    syscall        # Executa
```

Vejamos nos registradores:

$k0	26	0
$k1	27	0
$gp	28	268468224
$sp	29	2147479548
$fp	30	0
$ra	31	0
pc		4194328
hi		1
lo		2

Figura 13: Valor nos registradores

O registrador hi depois da divisão recebeu o resto igual a 1 (um).

Registers	Coproc 1	Coproc 0
Name	Number	Value
$zero	0	0
$at	1	0
$v0	2	10
$v1	3	0
$a0	4	0
$a1	5	0
$a2	6	0
$a3	7	0
$t0	8	1
$t1	9	5
$t2	10	2
$t3	11	0
$t4	12	0

Figura 14: Valor nos registradores

Após a execução da instrução **mfhi** $t0, houve a movimentação dos dados do registrador hi para $t0. Note que $t0 também está com o valor de 1. Isto indica que o 5 é ímpar.

Faça o teste com este mesmo código acima, troque o número do registrador $t1 de 5 para 6, salve o código e execute-o. Veja se o registrador hi e o registrador $t0 ficarão com o valor 0. Isto indicará que 6 é par.

6.3.1. mflo

SINTAXE: mflo <registrador_destino>

A instrução mflo copia a informação que está no registrador lo para o registrador destino. O registrador lo é usado na multiplicação e na divisão para o resultado do cálculo.

Imagine o seguinte cálculo:

X = 18

Y = 3

Z = X / Y, qual será o valor de Z ?

No MIPS assembly, precisamos colocar os valores de X e de Y nos registradores.

Vamos colocar em $t1 o valor 18 e no registrador $t2 o valor 3.

Então vamos dividir 18 por 3 com a instrução **div**.

O resultado da divisão estará no registrador lo, precisando apenas que realizemos a movimentação dos dados para obter o valor num registrador temporário.

No exemplo, colocarei o resultado em $t0.

```
.data              # Diretiva de dados
.text              # Diretiva de texto
    li $t1, 18     # $t1 = 18
    li $t2, 2      # $t2 = 3
    div $t1,$t2    # lo = $t1/$t2
    mflo $t0       # Registrador $t0 recebe lo
    li $v0, 10     # Sair do programa
    syscall        # Executa
```

Note que no meu exemplo eu usei o registrador temporário $t0. Você pode fazer a movimentação com a instrução mflo para qualquer outro registrador.

Registrador lo:

$gp	28	268468224
$sp	29	2147479548
$fp	30	0
$ra	31	0
pc		4194328
hi		0
lo		6

Figura 15: Valor nos registradores

Então, 18 dividido por 3 é 6.

Encontramos esse valor no registrador lo.

Também iremos encontrar o mesmo valor.

Registradores:

Registers	Coproc 1	Coproc 0
Name	Number	Value
$zero	0	0
$at	1	0
$v0	2	10
$v1	3	0
$a0	4	0
$a1	5	0
$a2	6	0
$a3	7	0
$t0	8	6
$t1	9	18
$t2	10	3
$t3	11	0

Figura 16: Valor nos registradores

6.4. Instruções aritméticas

6.4.1. Somar com as instruções **add** e **addi**

Podemos usar muitas instruções para fazer a soma aritmética. Mostraremos duas instruções em específico: *add* e **addi**. Usaremos 3 registradores para manipular o processo de cálculo. Vejamos a sintaxe:

SINTAXE:

add <registrador_destino>,<registrador1>,<registrador2>

O registrador1 e o registrador2 são os registradores que conterão os números para os cálculos. O registrador_destino conterá o resultado da soma dos registradores 1 e 2. Da mesma forma a instrução **addi** será usada.

SINTAXE:

addi <registrador_destino>,<registrador1>,<registrador2>

Também com três registradores, sendo o primeiro registrador o que irá conter o resultado da soma aritmética.

Então você deve estar se perguntando, e qual a diferença entre *add* para **addi** ? Bem, a instrução *add,* soma registradores, e a instrução **addi** pode somar números inseridos diretamente no local do registrador.

Exemplo:

li $t1, 10   # $t1 = 10
li $t2, 20   # $t2 = 20
add $t0, $t1, $t2   # $t0 = $t1 + $t2

Ao executarmos a instrução de soma com o *add*, o resultado da soma dos registradores $t1 e $t2 estará no registrador $t0.

Já utilizando a instrução **addi** poderíamos lançar os números na própria instrução imediatamente, sem precisar antes carregar os dados em todos os registradores, bastando apenas um registrador ser carregado, enquanto que o outro número pode ser colocado diretamente.

```
li $t1, 10        # $t1 = 10
addi $t0, $t1, 5  # $t0 = $t1 + 5
                  # ou seja $t0 = 15
```

Se formos ao registrador $t0 após a execução da instrução veremos o valor 15 armazenado.

Vejamos este outro exemplo como ficou a simulação no MARS e como foram apresentados os valores nos registradores. Se tudo ocorreu bem, o registrador $t3 deverá apresentar os resultados.

.data	# Diretiva de dados
.text	# Diretiva de texto
li $t1, 5	# $t1 = 5
li $t2, 2	# $t2 = 2
add $t0, $t1, $t2	# $t0 = $t1 + $t2
addi $t3, $t0, 10	# $t3 = $t0 + 10
li $v0, 10	# Sair do programa
syscall	# Executa

Vamos ver como ficaram os registradores após a execução das instruções:

Registers	Coproc 1	Coproc 0
Name	Number	Value
$zero	0	0
$at	1	0
$v0	2	10
$v1	3	0
$a0	4	0
$a1	5	0
$a2	6	0
$a3	7	0
$t0	8	7
$t1	9	5
$t2	10	2
$t3	11	17
$t4	12	0

Figura 17: Valores nos registradores

O registrador $t1 foi carregado com o número 5, o registrador foi carregado com o número 2; a soma dos registradores $t1 com o $t2 foi armazenado no registrador $t0, carregado com o número 7 (5+2). E para finalizar somamos diretamente o valor 10 ao registrador $t0 e salvamos o resultado do cálculo no registrador $t3, indicando na imagem o número 17.

6.4.2. Subtrair com as instruções sub e subu

As instruções **sub** e **subu** são semelhantes as instruções *add* e **addi**. A primeira instrução **sub**, trabalha com três registradores com dois carregados com dados, enquanto que a instrução **subu** pode carregar um valor imediatamente a própria instrução **subu**. Veja a sintaxe das instruções:

SINTAXE:

sub <registrador_destino>,<registrador1>,<registrador2> e
subu <registrador_destino>,<registrador1>,<registrador2>

Vamos fazer um exemplo:

.data   # Diretiva de dados

```
.text                    # Diretiva de texto
    li $t1, 9            # $t1 = 9
    li $t2, 2            # $t2 = 2
    sub $t0, $t1, $t2    # $t0 = $t1 - $t2
    subu $t3, $t0, 1     # $t3 = $t0 – 1
    li $v0, 10           # Sair do programa
    syscall             # Executa
```

Neste exemplo, o registrador $t1 é carregado com o valor 9 e o registrador $t2 é carregado com o valor 2. Imediatamente é calculado $t1 menos $t2 e armazenado o resultado no registrador $t0 ($t0 = 7). Na sequência a instrução subu é executada com o registrador $t0 valendo 7 e diretamente no segundo registrador de entrada sendo colocado o valor 1, para então armazenar o resultado da subtração em $t3 que será o valor 6 (7-1).

Vejamos nos registradores:

Registers	Coproc 1	Coproc 0	
Name	Number	Value	
$zero	0	0	
$at	1	1	
$v0	2	10	
$v1	3	0	
$a0	4	0	
$a1	5	0	
$a2	6	0	
$a3	7	0	
$t0	8	7	
$t1	9	9	
$t2	10	2	
$t3	11	6	
$t4	12	0	
$t5	13	0	
$t6	14	0	

Figura 18: Valores dos registradores

6.4.3. Multiplicar com as instruções **mult** e **mul**

As instruções **mult** e **mul** se diferenciam uma da outra pela quantidade de registradores. Quando usamos o mult trabalhamos com dois registradores e o resultado da multiplicação vai para o registrador **lo**. Temos que usar o mflo para fazer a movimentação do dado para um registrador temporário.

SINTAXE:

mult <registrador1>,<registrador2>

Já com a instrução **mul**, usamos três registradores, sendo o primeiro registrador usado para receber o resultado dos outros dois registradores usados na sequencia.

SINTAXE:

mul <registrador_destino>,<registrador1>,<registrador2>

Vamos aos códigos? Apresentaremos dois códigos, um usando o **mult** e o mflo e outro código usando apenas a instrução **mul**.

```
.data                # Diretiva de dados
.text                # Diretiva de texto
    li $t0, 3        # $t0 = 3
    li $t1, 2        # $t1 = 2
    mult $t0, $t1    # lo = $t0 * $t1
    mflo $t2         # Registrador $t2 recebe lo
    li $v0, 10       # Sair do programa
    syscall          # Executa
```

Neste primeiro código, o resultado é armazenado no registrador lo e depois é feito a movimentação para o registrador $t2.

Neste segundo código, iremos usar o terceiro registrador, mas mudaremos a instrução para apenas **mul**.

Também é possível carregar um valor diretamente na instrução **mul** (semelhante ao que vimos na instrução **addi**).

Vejamos:

```
.data                # Diretiva de dados
.text                # Diretiva de texto
    li $t0, 3        # $t0 = 3
    li $t1, 2        # $t1 = 2
    mul $t2, $t0, $t1  # $t2 = $t0 * $t1
    li $v0, 10       # Sair do programa
    syscall          # Executa
```

Veja como ficam os registradores:

Registers	Coproc 1	Coproc 0	
Name	Number	Value
$zero	0	0
$at	1	0
$v0	2	10
$v1	3	0
$a0	4	0
$a1	5	0
$a2	6	0
$a3	7	0
$t0	8	3
$t1	9	2
$t2	10	6
$t3	11	0

Figura 19: Valor dos registradores

Veja como fica o registrador lo:

$k0	26	0
$k1	27	0
$gp	28	268468224
$sp	29	2147479548
$fp	30	0
$ra	31	0
pc		4194324
hi		0
lo		6

Figura 20: Valor dos registradores

Continua recebendo o resultado do cálculo da multiplicação.

6.4.4. Dividir com a instrução div

SINTAXE:

div <registrador_destino>,<registrador1>,<registrador2>

A instrução **div** pode ser usada juntamente com os registradores **hi** e **lo** ou não. Se você usar apenas dois registradores para o cálculo o assembly usará os registradores **hi** e **lo** para registrarem os resultados ou caso você use três registradores para o cálculo, o primeiro registrador será usado como retorno do cálculo.

Neste primeiro exemplo abaixo, usaremos os registradores hi e lo para receberem o resultado da divisão entre 5 e 2. Apenas os registradores do Coprocessador 1 são projetados para trabalharem com ponto flutuante, no caso *float* ou *double*. Os resultados da instrução div sempre serão truncados e mostrados de forma inteira. Exemplo: 5/2 = 2,5. Neste caso será registrado apenas o valor 2 sendo descartado, desprezado os resultados após a casa decimal. Para calcular e exibir os resultados usando a casa decimal será necessário a codificação usando a tipagem .float ou .double e a utilização dos registradores do Coproc1, além de usar comandos próprios para manipular os dados nos registradores do Co-processador 1. Não abordaremos neste livro o uso dos coprocessadores.

Vejamos o código:

```
.data                   # Diretiva de dados
.text                   # Diretiva de texto
    li $t0, 5           # $t0 = 3
    li $t1, 2           # $t1 = 2
    div $t0, $t1        # lo = $t0/$t1
    mflo $t2            # Registrador $t2 recebe lo
    mfhi $t3            # Registrador $t3 recebe hi
    li $v0, 10          # Sair do programa
    syscall             # Executa
```

O registrador foi carregado com o número 5 e o registrador $t1 foi carregado com o valor 2, ambos números inteiros. Quando usado a instrução **div** $t0,$t1 no código, os registradores hi e lo foram usados para armazenarem o resultado.

Vejamos como ficou:

$t8	24	0
$t9	25	0
$k0	26	0
$k1	27	0
$gp	28	268468224
$sp	29	2147479548
$fp	30	0
$ra	31	0
pc		4194332
hi		1
lo		2

Figura 21: Valor dos registradores

O registrador **hi** armazenou o resto da divisão e o registrador **lo** armazenou o resultado da divisão truncando para exibir apenas a parte inteira do cálculo.

Imediatamente foi feito a movimentação dos dados dos registradores **hi** e **lo** e os resultados também foram carregados nos registradores $t2 e $t3. O registrador lo foi movimentado para o registrador $t2 e o registrador **hi** foi movimentado para o registrador $t3.

Vamos ver:

Registers	Coproc 1	Coproc 0	
Name	Number	Value
$zero	0	0
$at	1	0
$v0	2	10
$v1	3	0
$a0	4	0
$a1	5	0
$a2	6	0
$a3	7	0
$t0	8	5
$t1	9	2
$t2	10	2
$t3	11	1
$t4	12	0

Figura 22: Valores dos registradores

O próximo código nós vamos mostrar usando três registradores, veja como fica mais simples. A diferença é que não consigo saber o resto da divisão, apenas o resultado da divisão inteira.

Vejamos o segundo código com o **div** usando três registradores:

```
.data                    # Diretiva de dados
```

```
.text                  # Diretiva de texto
  li $t0, 8            # $t0 = 8
  li $t1, 2            # $t1 = 2
  div $t2, $t0, $t1    # $t3 = $t0/$t1
  li $v0, 10           # Sair do programa
  syscall              # Executa
```

Veja os registradores:

Registers	Coproc 1	Coproc 0
Name	Number	Value
$zero	0	0
$at	1	0
$v0	2	10
$v1	3	0
$a0	4	0
$a1	5	0
$a2	6	0
$a3	7	0
$t0	8	8
$t1	9	2
$t2	10	4
$t3	11	0
$t4	12	0
$t5	13	0

Figura 23: Valores dos registradores

O registrador $t0 armazenou 8, o registrador $t1 armazenou 2 e a instrução **div** efetuou a divisão entre $t0/$t1 e armazenou o resultado no registrador $t2.

6.5. Instruções de desvios condicionais

A partir de agora apresentaremos um novo recurso que é a criação dos desvios de códigos.

Nós podemos colocar um nome aos desvios.

Lembra que no início criamos uma diretiva *.globl* na qual informamos a função principal? Pois bem, nós criamos um bloco de código etiquetado com o nome principal e dissemos que o assembly deveria executar este bloco em primeiro lugar.

Você poderá relembrar indo para o subitem 4.5.

Nossos códigos terão o bloco de execução principal com uma condicional.

Neste subitem trataremos das estruturas condicionais, ou melhor, desvios condicionais. Existem várias instruções no MIPS assembly que realizam os desvios condicionais, vejamos alguns dos principais: **beq, blt, ble, bgt, bge e bne.**

O **beq** realiza o desvio caso o conteúdo do primeiro registrador seja igual ao segundo registrador analisado, caso positivo devemos informar qual o bloco de comandos ele deverá ir. Por exemplo:

beq $t0, $t1, **Iguais**

Em alguma parte do código eu preciso ter um bloco chamado **Iguais**. Lembra-se de como declaramos uma variável no segmento de dados? De forma idêntica iremos nomear os blocos de códigos usando os dois pontos **(:)**.

Iguais:

Instrução1

Instrução2

Instrução3

Todas as instruções seguirão este mesmo padrão, sempre desviando para um bloco de execução que devemos definir.

Vejamos abaixo a sintaxe de cada instrução de desvio condicional.

6.5.1. As instruções **beq e bne**

Branch for Equal – Desvie se for igual. A instrução **beq** desvia quando o primeiro registrador é igual a o segundo registrador. Podemos usar a instrução **beq** para um programa de menu ou para identificar uma condição específica dentro do código. Veja um exemplo:

beq $t0, $t1, bloco   # desvia se $t0 = $t1

Branch for Not Equal – Desvie se não for igual ou desvie se for diferente. A instrução **bne** desvia quando o primeiro registrador é diferente do segundo registrador. Podemos usar a instrução **bne** como um caso contrário ao **beq**. Veja um exemplo:

bne $t0, $t1, bloco   # desvia se $t0 <> $t1

Vejamos um exemplo de código usando estas duas instruções. Nosso programa fará a análise de um número inteiro, caso esse número for zero o programa dará uma mensagem na tela, caso contrário ele dará outra mensagem na tela segundo a tabela abaixo:

CONDIÇÃO	MENSAGEM
Igual a zero (**beq**)	Foi detectado o número ZERO!
Diferente de zero (**bne**)	Este número não é zero!

Vamos ao código: Abra o simulador MARS, digite o código abaixo e faça a simulação para identificar os desvios condicionais.

```
.data                          # Diretiva de dados
pergunta:      .asciiz         "Digite um número: "
eh_zero:       .asciiz         "Foi detectado o Zero!\n"
nao_eh_zero:   .asciiz         "Este número não é Zero!\n"
.text                          # Diretiva de texto

   li $v0, 4                   # Imprime uma string
   la $a0, pergunta            # Carrega a string
   syscall                     # Executa

   li $v0, 5                   # Lê um número inteiro
   syscall                     # Executa
   # Grava o número digitado em $t0
   move $t0, $v0               # $t0 = $v0
   # Desvios condicional usando beq e bne
   beq $t0,0,seforzero         # Se $t0 for 0,
```

```
                            # executa "seforzero"


bne $t0,0,senaoforzero  # Se $t0 não for 0,
                            # executa "senaoforzero"


# Condição se for zero
seforzero:
# Imprimir
li $v0, 4                   # Imprime uma string
la $a0, eh_zero             # Carrega a string
syscall                     # Executa
#Depois finaliza o programa
li $v0, 10                  # Sair do programa
syscall                     # Executa


# Condição se não for zero
senaoforzero:
# Imprimir
li $v0, 4                   # Imprime uma string
la $a0, nao_eh_zero         # Carrega a string
syscall                     # Executa
# Depois finaliza o programa
li $v0, 10                  # Sair do programa
syscall                     # Executa
```

O **beq** e o **bne** estão se comportando neste código como um SE e um SE NÃO. Em ambas as condições depois de mostrarem a mensagem proposta, o programa é finalizado.

6.5.2. As instruções bge e blt

As instruções **bge e blt** são antagônicas. A instrução **bge** desvia o fluxo de dados se o número contido no registrador 1 for maior ou igual ao do registrador 2, enquanto que a instrução **blt** desvia o fluxo se o valor contido no registrador 1 for menor do que o valor contido no registrador 2.

```
bge $t0, $t1, bloco     # desvia se $t0 >= $t1
```

Com a instrução **bge**, desviamos o fluxo para a sub-rotina chamada bloco quando $t0 for maior ou igual a $t1.

```
blt $t0, $t1, bloco     # desvia se $t0 < $t1
```

Com a instrução **blt**, desviamos o fluxo para a sub-rotina chamada bloco quando $t0 for menor do que $t1.

Com essas instruções, podemos, por exemplo, criar um programa que identificaria através idade do usuário se ele poderia ou não tirar sua carteira de motorista, identificando sua maior idade e também o seu caso contrário.

6.5.3. As instruções **ble** e **bgt**

As instruções **ble** e **bgt** também são antagônicas. A instrução **ble**, desvia o fluxo de dados se o número contido no registrador 1 for menor ou igual ao do registrador 2, enquanto que a instrução **bgt**, desvia o fluxo se o valor contido no registrador 1 for maior do que o valor contido no registrador 2.

ble $t0, $t1, bloco   # desvia se $t0 <= $t1

Com a instrução **ble**, desviamos o fluxo para a sub-rotina chamada bloco quando $t0 for menor ou igual a $t1.

bgt $t0, $t1, bloco   # desvia se $t0 > $t1

Com a instrução **bgt**, desviamos o fluxo para a sub-rotina chamada bloco quando $t0 for maior do que $t1.

6.6. Desvio incondicional com a instrução j

A instrução que realiza o desvio incondicional é aquela que não precisa de condição para realizar a execução de um desvio.

Usamos este artifício na programação quando queremos modularizar nossos códigos, quando executamos uma função e até mesmo quando executamos algum procedimento.

O desvio incondicional mostrado neste subitem é a instrução **j** (*jump*) que fará saltos para outros blocos de execução.

Também podemos encontrar o conceito de saltos incondicionais.

O desvio incondicional também cria uma estrutura de repetição, loop infinito ou finito, iterativo ou não.

Exemplo:

```
.data               # Diretiva de dados
.text               # Diretiva de texto
.globl principal    # Diretiva global
principal:
    Instrução_1
    Instrução_2
    Instrução_3
    j principal     # O laço infinito foi criado
```

Veja que criamos um bloco de códigos chamado de **principal** e que ele executa 3 instruções e depois ele executa o desvio incondicional (ou um pulo) para o início do bloco de códigos **principal**, ou seja, ele está num *loop* infinito.

Se quiser que o programa saia do *loop* infinito, será necessário colocar uma instrução de desvio condicional para que, quando a condição for satisfeita o programa faça outro salto para outro bloco de códigos saindo assim do laço.

Por exemplo:

Vamos criar um código que receba do usuário um número. Caso o usuário digite zero, o programa termina, caso contrário ele continua no loop pedindo que o usuário insira um novo número. O laço só vai ser quebrado se o usuário digitar o valor zero.

Veja:

```
.data                          # Diretiva de dados
    pergunta:    .asciiz   "Digite um número: "
.text                          # Diretiva de texto
.globl principal               # Diretiva global

principal:                     #### Bloco principal
    li $v0, 4                  # Imprimir string
    la $a0, pergunta           # Carrega a string
    syscall                    # Executa
    li $v0, 5                  # Lê um numero inteiro
    syscall                    # Executa
    move $t0, $v0              # Move o número para $t0
    beq $t0,0,sair             # Se $t0 = 0, vai para bloco sair
    j principal                # vai para principal
```

```
sair:                          # Bloco chamado sair
  li $v0,10                    # Sair do programa
  syscall                      # Executa
```

6.7. Chamada de sub-rotina com a instrução *jal*

A instrução **jal** (*jump and link*) é usada para chamar um procedimento, chamar uma função. O **jal** é um salto (*jump*) na intenção de interagir e retornar para a mesma parte do código que foi chamado. A instrução **jal** trabalha com a instrução **jr** (*jump register*).

Todas as vezes que programamos para desviar o fluxo, o sistema armazena o último endereço de execução no registrador $ra. A instrução **jr**, usa o registrador $ra para retornar para o ponto em que foi chamado.

Por exemplo, imagine que um programa em sua execução chama uma função dobro. O número é multiplicado por dois e depois de feito é necessário o programa voltar para a linha de execução em que foi feita a chamada da função. Usamos o **jr** $ra voltar.

A instrução **jal** chama um bloco de códigos, que funcionará como um procedimento ou função, e o **jr** $ra volta para a linha do jal que o chamou, assim continuando o código sequencialmente.

Vamos criar um contador, será uma espécie de for. Chamaremos a instrução **jal** para fazer a verificação.

```
.data                              # Diretiva de dados
    mensagem:     .asciiz    "Fim da contagem..."
    espaco:       .asciiz    ", "

.text                              # Diretiva de texto
prog:
    addi $t0, $zero, 0             #Registrador t0 = 0

enquanto:
    bgt $t0, 10, sair              # se for maior do que 10
                                   # vá para a função sair

    jal imprimirnumero            # Chama a função
    addi $t0, $t0, 1              # i = i + 1
    j enquanto                    # Volta para enquanto/loop

sair:                             # Função SAIR
    li $v0, 4                     # Imprime a string
    la $a0, mensagem             # Imprime na tela a variável
```

```
syscall                    # Executa
li $v0, 10                 # Finaliza o programa
syscall                    # Executa

imprimirnumero:            # Função IMPRIMENUMERO
  li $v0, 1                # Imprime número inteiro
  add $a0, $t0, $zero      # Exibe o conteúdo de $t0
  syscall                  # Executa
  li $v0,4                 # Imprime mensagem
  la $a0,espaco            # Exibe a variável na tela
  syscall                  # Executa
  jr $ra                   # Retorna a função
```

Capítulo 7 – Códigos de exemplos

7.1. Programas sequenciais

7.1.1. ADD: O perímetro

Faça um programa que peça ao usuário que entre com a medida dos quatro lados de um retângulo em centímetros. Sabendo que o perímetro de um retângulo é a soma de todos os seus lados, ou seja, é a medida do comprimento de seu contorno. Calcule o perímetro do retângulo:

Dados:

Lado1: inteiro (Registrador $t1)

Lado2: inteiro (Registrador $t2)

A primeira soma coloque no registrador $t5

Lado3: inteiro (Registrador $t3)

Lado4: inteiro (Registrador $t4)

A segunda soma coloque no registrador $t6

Perímetro ($t0): Lado1 + Lado2 + Lado3 + Lado4 ($t0 = $t5 + $t6)

Lembrando que no assembly as instruções acontecem em pares, ou seja, de dois em dois.

Para somarmos o perímetro devemos somar os dois primeiros, salvar o resultado num registrador (Registrador $t2), depois somar os dois últimos e salvar em outro registrador (Registrador $t5).

O perímetro então será a soma dos dois registradores finais.

.data

I1: .asciiz "Informe o 1 lado do retângulo em cm: "

I2: .asciiz "Informe o 2 lado do retângulo em cm: "

I3: .asciiz "Informe o 3 lado do retângulo em cm: "

l4: .asciiz "Informe o 4 lado do retângulo em cm: "

p: .asciiz "O perímetro do retângulo é "

.text

```
li $v0, 4              # Imprimir a primeira mensagem
la $a0, l1             # Carrega a primeira mensagem
syscall                # Executa
li $v0, 5              # Receber o 1 número inteiro
syscall                # Executa
move $t1, $v0          # Salva o 1 número em $t1
li $v0, 4              # Imprimir a 2 mensagem
la $a0, l2             # Carrega a segunda mensagem
syscall                # Executa
li $v0, 5              # Receber o 2 número inteiro
syscall                # Executa
move $t2, $v0          # Salva o 2 número em $t2
add $t5, $t1, $t2      # $t5 = L1 + L2
li $v0, 4              # Imprimir a terceira mensagem
la $a0, l3             # Carrega a primeira mensagem
syscall                # Executa
li $v0, 5              # Receber o 3 número inteiro
syscall                # Executa
move $t3, $v0          # Salva o 3 número em $t3
li $v0, 4              # Imprimir a quarta mensagem
la $a0, l4             # Carrega a quarta mensagem
syscall                # Executa
```

```
li $v0, 5          # Receber o 4 número inteiro
syscall            # Executa
move $t4, $v0      # Salva o 4 número em $t4
add $t6, $t3, $t4  # $t6 = L3 + L4
add $t0, $t5, $t6  # O resultado ficará em $t0
li $v0, 4          # Imprimir a mensagem
la $a0, p          # Carrega a variável p
syscall            # Executa
li $v0, 1          # Imprime um número inteiro
la $a0, ($t0)      # Carrega o resultado em $t0
syscall            # Executa
li $v0, 10         # Sair do programa
syscall            # Executa
```

7.1.2. SUB: A corrida de São Silvestre (15 Km)

Um corredor da São Silvestre quer que você construa programa para ser colocado num relógio que utiliza um recurso GPS que ao ser pressionado um botão aparece no display quantos quilômetros já foram percorridos desde a posição de largada.

Sabendo-se que a corrida possui 15 quilômetros o display deverá também calcular quantos quilômetros faltam para o término da corrida.

Dados:

Km percorridos: kp ($t0)

Km total = 15 ($t1)

Km finais: kf ($t2) = 15 ($t1) − kp ($t0)

Quando o corredor apertar o botão do relógio o sistema informa o Km percorrido e calcula os Km finais. Vamos ao código:

```
.data                    # Diretiva de dados
  kp:        .asciiz     "Digite o Km percorrido: "
  kf:        .asciiz     "Km finais: "
.text                    # Diretiva de texto
  li $v0, 4              # Imprimir uma string
  la $a0, kp             # Carrega kp em $a0
  syscall                # Executa
  li $v0, 5              # Lê um número inteiro
  syscall                # Executa
  move $t0, $v0          # Salva o número em $t0
  li $t1, 15             # $t1 = 15
  sub $t2, $t1, $t0      # $t2 = $t1 - $t0
  li $v0, 4              # Imprime uma string
  la $a0, kf             # Carrega kf em $a0
```

```
syscall              # Executa
li $v0, 1            # Imprime um número inteiro
la $a0, ($t2)        # Carrega $t2 em $a0
syscall              # Executa
li $v0, 10           # Sair do programa
syscall              # Executa
```

7.1.3. MUL: O cubo

Faça um programa que calcule o cubo de um número inteiro. Lembre-se que no MIPS assembly, precisamos calcular em pares, então haverá duas instruções de multiplicação para calcular o cubo.

Primeiro calcularemos $t2 = $t1*$t1, depois calcularemos $t3 = $t1 * $t2.

Dica:

cubo ($t3) = x($t1) * x($t1) * x($t1)

Então:

$t2 = $t1 *$t1

$t3 = $t2 * $t1

Vamos ao código:

```
.data
    numero:     .asciiz     "Digite um número: "
    cubo:       .asciiz     "O cubo é "


.text
    li $v0, 4               # Imprime uma string
    la $a0, numero          # Carrega numero em $a0
    syscall                 # Executa
    li $v0, 5               # Lê um número inteiro
    syscall                 # Executa
    move $t1, $v0           # Salva o número em $t1
    mul $t2, $t1, $t1       # $t2 = $t1 * $t1
    mul $t3, $t2, $t1       # $t3 = $t2 * $t1
    li $v0, 4               # Imprime uma string
    la $a0, cubo            # Carrega cubo em $a0
    syscall                 # Executa
    li $v0, 1               # Imprime um número inteiro
    la $a0, ($t3)           # Carrega em $a0 o resultado
    syscall                 # Executa
    li $v0, 10              # Sair do programa
    syscall                 # Executa
```

7.1.4. DIV: A fração (inteira)

Faça um programa que peça do usuário o valor de X e de Y (inteiro) e exiba o resultado de sua divisão (inteira):

Dados

X: um número inteiro ($t1)

Y: um número inteiro ($t2)

Z ($t3) = X ($t1) / Y ($t2)

```
.data
    x:      .asciiz     "Digite o valor de X: "
    y:      .asciiz     "Digite o valor de X: "
    r:      .asciiz     "O resultado (inteiro) é "
.text
    li $v0, 4            # Imprime uma string
    la $a0, x           # Carrega a mensagem
    syscall             # Executa
    li $v0, 5           # Lê um número inteiro
    syscall             # Executa
    move $t1, $v0       # Salva o valor de X em $t1
    li $v0, 4           # Imprime uma string
    la $a0, y           # Carrega a mensagem
```

```
syscall              # Executa
li $v0, 5            # Lê um número inteiro
syscall              # Executa
move $t2, $v0        # Salva o valor de Y em $t2
div $t3, $t1, $t2    # $t3 = $t1 / $t2
li $v0, 4            # Imprime uma string
la $a0, r            # Carrega $a0 = r
syscall              # Executa
li $v0, 1            # Imprime um número inteiro
la $a0, ($t3)        # Carrega $t3 em $a0
syscall              # Executa
li $v0, 10           # Sair do programa
syscall              # Executa
```

7.2. Programas com desvios condicionais

7.2.1. Positivo ou negativo

Faça um programa que solicite do usuário um número inteiro. O programa deverá dizer se este programa é positivo ou é negativo. Se for zero, o sistema finaliza.

Dados:

Numero: inteiro ($t0)

```
.data                           # Diretiva de dados
    msgpositivo:  .asciiz       "Este número é positivo\n"
    msgnegativo: .asciiz        "Este número é negativo\n"
    msg1:           .asciiz     "Digite um número: "
    fim:        .asciiz         "FIM!!!\n"

.text                           # Diretiva de texto
    li $v0, 4                   # Imprimir uma string
    la $a0, msg1                # Carrega msg1 no registrador
    syscall                     # Executa
    li $v0, 5                   # Ler um número inteiro
    syscall                     # Executa
    move $t0, $v0               # Salva o número em $t0
    beq $t0,$0,sair             # Se $t0 = 0, então saia
    jal verifica                # Vai para Verifica

verifica:                       # Bloco verifica:
    bgt $t0,$0,maior            # Se $t0 > 0, executa maior:
    blt $t0,$0,menor            # Se $t0 < 0, executa menor:

maior:                          # Bloco maior:
    li $v0, 4                   # Imprime uma string
    la $a0, msgpositivo         # Carrega msgpositivo
    syscall                     # Executa
    j sair                      # Executa o bloco sair
```

```
menor:                              # Bloco menor:
  li $v0, 4                         # Imprime uma string
  la $a0, msgnegativo               # Carrega msgnegativo
  syscall                           # Executa
  j sair                            # Executa o bloco sair

sair:                               # Bloco sair:
  li $v0, 4                         # Imprime uma string
  la $a0, fim                       # Carrega `fim` em $a0
  syscall                           # Executa
  li $v0, 10                        # Sair do Programa
  syscall                           # Executa
```

7.2.2. Maior idade

Faça um programa que peça ao usuário que entre com a sua idade. O sistema deverá informar se o usuário é maior de idade ou menor de idade.

Dados:

Idade: inteiro ($t1)


```
.data
    pergunta:   .asciiz     "Digite sua idade: "
    msg1:       .asciiz     "Você é menor de idade."
```

```
msg2:        .asciiz      "Você é maior de idade!"

.text
li $v0, 4                 # Imprime uma string
la $a0, pergunta          # Carrega a pergunta
syscall                   # Executa


li $v0, 5                 # Lê um número inteiro
syscall                   # Executa
move $t1, $v0             # Salva o número em $t1


li $t0, 18                # $t0 = 18
blt $t1, $t0, menor       # Se $t<18, execute menor:
bge $t1, $t0, maior       # Se $t>= 18 execute menor:


menor:                    # Bloco menor:
li $v0, 4                 # Imprime uma string
la $a0, msg1              # Carrega msg1
syscall                   # Executa
li $v0, 10                # Sair do programa
syscall                   # Executa

maior:                    # Bloco maior:
li $v0, 4                 # Imprime uma string
```

```
la $a0, msg2            # Carrega msg2
syscall                 # Executa
li $v0, 10              # Sair do programa
syscall                 # Executa
```

7.3. Programas com desvios incondicionais (Estrutura de repetição, funções e procedimentos)

7.3.1. Positivo e negativo com laço

Faça um programa que solicite do usuário um número inteiro. O programa deverá dizer se este programa é positivo ou é negativo. Se for zero, o sistema sai do laço de repetição e finaliza.

Dados:

Numero: inteiro ($t0)

```
.data                           # Diretiva de dados
    msgpositivo: .asciiz    "Número positivo\n"
    msgnegativo: .asciiz    "Número negativo\n"
    msg1:           .asciiz "Digite um número: "
    fim:            .asciiz "Fim do Prog!\n"

.text                           # Diretiva de texto
. globl enquanto                # Diretiva global
```

```
enquanto:                    # Bloco enquanto:
   li $v0, 4                 # Imprimir uma string
   la $a0, msg1             # Carrega msg1
   syscall                  # Executa
   li $v0, 5                # Ler um número inteiro
   syscall                  # Executa
   move $t0, $v0            # Salva o número em $t0
   beq $t0,$0,sair          # Se $t0=0, saia
   jal verifica             # Verifica
j enquanto                  # Fica preso no laço

verifica:                   # Bloco verifica:
   bgt $t0,$0,maior #Se $t0>0 executa maior:
   blt $t0,$0,menor #Se $t0<0 executa menor:

maior:                      # Bloco maior:
   li $v0, 4                # Imprime uma string
   la $a0, msgpositivo      # Carrega msgpositivo
   syscall                  # Executa
jr $ra                      # Retorna

menor:                      # Bloco menor:
   li $v0, 4                # Imprime uma string
   la $a0, msgnegativo      # Carrega msgnegativo
```

```
syscall                 # Executa
jr $ra                  # Retorna

sair:                   # Bloco sair:
  li $v0, 4             # Imprime uma string
  la $a0, fim           # Carrega fim no registrador
  syscall               # Executa
  li $v0, 10            # Sair do Programa
  syscall               # Executa
```

7.3.2. Maior idade com laço

Faça um programa que peça ao usuário que entre com a sua idade.

O sistema deverá informar se o usuário é maior de idade ou menor de idade, o sistema perguntará novamente até que a idade informada seja zero, então o programa será finalizado.

Dados:

Idade: inteiro ($t1)

.data

```
pergunta:      .asciiz      "Digite sua idade: "
msg1:          .asciiz      "Você é menor de idade."
msg2:          .asciiz      "Você é maior de idade!"


.text
.globl prog


prog:
  li $v0, 4                 # Imprime uma string
  la $a0,pergunta           # Carrega a pergunta
  syscall                   # Executa
  li $v0, 5                 # Lê um número inteiro
  syscall                   # Executa
  move $t1, $v0             # Salva o número em $t1
  beq $t1, 0, sair          # Se $t1 = 0, execute sair:
  blt $t1,18,menor          # Se $t < 18, execute menor:
  bge $t1,18,maior          # Se $t>=18 execute menor:
  j prog                    # Vai para prog


menor:                      # Bloco menor:
  li $v0, 4                 # Imprime uma string
  la $a0,msg1               # Carrega msg1 em $a0
  syscall                   # Executa
  j prog                    # Executa o bloco prog
```

```
maior:                  # Bloco maior:
  li $v0, 4             # Imprime uma string
  la $a0,msg2           # Carrega msg2 em $a0
  syscall               # Executa
  j prog                # Executa o bloco prog
sair:                   # Bloco sair:
  li $v0, 10            # Sair do programa
  syscall               # Executa
```

Capítulo 8 – Projetos

8.1. A calculadora

.data

menu: .asciiz   "***** MENU *****\n1 - Somar\n2 - Subtrair\n3 - Multiplicar\n4 - Dividir\n0 - Sair\nOPÇÃO: "

n1:   .asciiz   "Entre com o primeiro número: "

n2:   .asciiz   "Entre com o segundo número: "

r: .asciiz   "Resultado: "

pula: .asciiz   "\n\n"

.macro pula_linha # Macro pula_linha

li $v0, 4   # Imprimir uma string

la $a0, pula   # Carrega a string de pula em $a0

syscall   # Executa

.end_macro   # Fim da macro

.macro menu

li $v0, 4   # Imprimir uma string

la $a0, menu   # Imprime menu na tela

syscall   # Executa

li $v0 ,5   # Prepara para ler um numero inteiro

syscall   # Executa

move $t0, $v0   # Salva o número digitado em $t0

.end_macro

```
.text                    # Diretiva de dados
.globl principal         # Diretiva global
principal:               # Função principal
menu                     # Chama a macro menu

# Condições
beq $t0, 1, somar        # Se $t0 for digitado 1 vai para o
                         # bloco somar:
beq $t0, 2, subtrair     # Se $t0 for digitado 2 vai para o
                         # bloco subtrair:
beq $t0, 3, multiplicar  # Se $t0 for digitado 3 vai para o
                         # bloco multiplicar:
beq $t0, 4, dividir      # Se $t0 for digitado 4 vai para o
                         # bloco dividir:
beq $t0, 0, sair         # Se $t0 for digitado 0 vai para o
                         # bloco sair:

somar:                   # Bloco somar:
# Pede o primeiro número
li $v0, 4                # Imprimir uma string
la $a0, n1               # Carrega n1 no registrador $a0
syscall                  # Executa
li $v0, 5                # Lê um numero inteiro
syscall                  # Executa
```

```
move $t1,$v0              # Salva o número em $t1
# Pede o segundo número
li $v0, 4                 # Imprimir uma string
la $a0, n2               # Carrega n2 no registrador $a0
syscall                   # Executa
li $v0, 5                 # Lê um número inteiro
syscall                   # Executa
move $t2,$v0             # Salva o número em $t2
add $t3,$t1,$t2          # SOMA: $t3 = $t1 + $t2
# Mostra o resultado na tela
li $v0, 4                 # Imprimir uma string
la $a0, r                 # Carrega r no registrador $a0
syscall                   # Executa
li $v0, 1                 # Imprimir um número inteiro
la $a0, ($t3)            # Carrega em $a0 o valor de $t3
syscall                   # Executa
pula_linha                # Executa a macro pula_linha
j principal               # Executa o bloco principal

subtrair:                 # Bloco subtrair:
# Pede o primeiro número
li $v0, 4                 # Imprimir uma string
la $a0, n1               # Carrega n1 no registrador $a0
syscall                   # Executa
li $v0, 5                 # Lê um numero inteiro
```

```
syscall                    # Executa
move $t1,$v0               # Salva o número em $t1
# Pede o segundo número
li $v0, 4                  # Imprimir uma string
la $a0, n2                 # Carrega n2 no registrador $a0
syscall                    # Executa
li $v0, 5                  # Lê um número inteiro
syscall                    # Executa
move $t2,$v0               # Salva o número em $t2
sub $t3,$t1,$t2            # SUBTRAI: $t3 = $t1 - $t2
# Mostra o resultado na tela
li $v0, 4                  # Imprimir uma string
la $a0, r                  # Carrega r no registrador $a0
syscall                    # Executa
li $v0, 1                  # Imprimir um número inteiro
la $a0, ($t3)              # Carrega em $a0 o valor de $t3
syscall                    # Executa
pula_linha                 # Executa a macro pula_linha
j principal                # Executa o bloco principal

multiplicar:               # Bloco multiplicar:
# Pede o primeiro número
li $v0, 4                  # Imprimir uma string
la $a0, n1                 # Carrega n1 no registrador $a0
syscall                    # Executa
```

```
li $v0, 5              # Lê um numero inteiro
syscall                # Executa
move $t1,$v0           # Salva o número em $t1
# Pede o segundo número
li $v0, 4              # Imprimir uma string
la $a0, n2             # Carrega n2 no registrador $a0
syscall                # Executa
li $v0, 5              # Lê um número inteiro
syscall                # Executa
move $t2,$v0           # Salva o número em $t2
mul $t3,$t1,$t2        # MULTIPLICA: $t3 = $t1 * $t2
# Mostra o resultado na tela
li $v0, 4              # Imprimir uma string
la $a0, r              # Carrega r no registrador $a0
syscall                # Executa
li $v0, 1              # Imprimir um número inteiro
la $a0, ($t3)          # Carrega em $a0 o valor de $t3
syscall                # Executa
pula_linha             # Executa a macro pula_linha
j principal            # Executa o bloco principal

dividir:               # Bloco dividir:
# Pede o primeiro número
li $v0, 4              # Imprimir uma string
la $a0, n1             # Carrega n1 no registrador $a0
```

```
syscall                 # Executa
li $v0, 5               # Lê um numero inteiro
syscall                 # Executa
move $t1,$v0            # Salva o número em $t1
# Pede o segundo número
li $v0, 4               # Imprimir uma string
la $a0, n2              # Carrega n2 no registrador $a0
syscall                 # Executa
li $v0, 5               # Lê um número inteiro
syscall                 # Executa
move $t2,$v0            # Salva o número em $t2
div $t3,$t1,$t2         # DIVIDE: $t3 = $t1 / $t2
# Mostra o resultado na tela
li $v0, 4               # Imprimir uma string
la $a0, r               # Carregar no registrador $a0
syscall                 # Executa
li $v0, 1               # Imprimir um número inteiro
la $a0, ($t3)           # Carrega em $a0 o valor de $t3
syscall                 # Executa
pula_linha              # Executa a macro pula_linha
j principal             # Executa o bloco principal

sair:                   # Bloco sair
li $v0, 10              # Sair do programa
syscall                 # Executa
```

8.2. Gestão de Saldo Bancário

Faculdade Internacional da Paraiba

Arquitetura e Organização de Computadores

Autor: Moisés Saraiva dos Santos Junior

Data: 25/10/2018

Função: Gerenciar depósitos e saques

.data   # Diretiva de dados

sal: .asciiz "Informe o Saldo Inicial (inteiro): "

menu: .asciiz "\n######MENU######\n1 - Mostrar o Saldo\n2 - Depósitar\n3 - Efetuar Saque\n0 - Sair\nOPÇÃO: "

outsal: .asciiz "SALDO = "

outdep: .asciiz "Seu NOVO SALDO após o Deposito é: "

outdep2: .asciiz "Informe seu Deposito: "

outsaq: .asciiz "Seu NOVO SALDO apos o Saque é: "

outsaq2: .asciiz "Informe seu Saque: "

out: .asciiz "Sistema Finalizado!\n"

.text   # Diretiva de texto

.globl main   # Diretiva global

main: # Bloco main

li $v0,4   # Imprime uma string

la $a0,sal   # Carrega sal no registrador $a0

```
syscall              # Executa
li $v0,5             # Lê um número inteiro
syscall              # Executa
move $t0,$v0         # Salva o número digitado em $t0


rep:                 # Bloco rep
li $v0,4                 # Imprime uma string
la $a0,menu          # Carrega o menu no registrador $a0
syscall              # Executa
li $v0,5             # Lê um número inteiro
syscall              # Executa
move $t1,$v0         # Salva o número digitado em $t1
beq $t1,0,sair       # Se $t0 for 0, executa o bloco sair
jal opmenu           # Chama a função opmenu
j rep                # Cria o laço chamando rep


opmenu:              # Bloco opmenu
beq $t1,1,saldo      # Se $t1 for igual a 1, executa saldo:
beq $t1,2,deposito   # Se $t1 for igual a 2, executa deposito:
beq $t1,3,saque      # Se $t1 for igual a 3, executa saque:


saldo:               # Bloco saldo
li $v0,4             # Imprime uma string
la $a0,outsal        # Carrega outsal no registrador $a0
syscall              # Executa
```

```
li $v0,1              # Imprime um número inteiro
move $a0,$t0          # Carrega $a0 com o registrador $t0
syscall               # Executa
jr $ra                # Volta para quem o chamou (jal)


deposito:             # Bloco deposito:
li $v0,4              # Imprimir uma string
la $a0,outdep2        # Carrega outdep2 no registrador $a0
syscall               # Executa
li $v0,5              # Lê um número inteiro inteiro
syscall               # Executa
move $t2,$v0          # Salva o número digitado em $t2
add $t0,$t0,$t2       # SOMA $t0 = $t0 + $t2
li $v0,4              # Imprime uma string
la $a0,outdep         # Carrega outdep no registrador $a0
syscall               # Executa
li $v0,1              # Imprime um número inteiro
move $a0,$t0          # Carrega o registrador $a0 com $t0
syscall               # Executa
jr $ra                # Volta para quem o chamou (jal)


saque:                # Bloco saque
li $v0,4              # Imprime uma string
la $a0,outsaq2        # Carrega outsaq2 no registrador $a0
syscall               # Executa
```

```
li $v0,5              # Lê um número inteiro inteiro
syscall               # Executa
move $t4,$v0          # Salva o número digitado em $t4
sub $t0,$t0,$t4       # SUBTRAI: $t0 = $t0 - $t4
li $v0,4              # Imprime uma string
la $a0,outsaq         # Carrega outsaq no registrador $a0
syscall               # Executa
li $v0,1              # Imprime um número inteiro
move $a0,$t0          # Carrega o registrador $a0 com $t0
syscall               # Executa
jr $ra                # Volta para quem o chamou (jal)

sair:                 # Bloco sair
li $v0,4              # Imprime uma string
la $a0,out            # Carrega out no registrador $a0
syscall               # Executa
li $v0,10             # Sair do programa
syscall               # Executa
```

Capítulo 9 – Desafios Propostos

9.1. Desafio 01

Converta o código em linguagem de alto nível para o código em MIPS assembly. Suponha que as variáveis X e Y do main() sejam armazenadas em $t1 e $t2.

```
int main( ){
        int x,y;
        x = 2;
        y=dobrinho(x);
        printf("Dobro: %d\n",y)
}

int dobrinho(int a){
        int dobro;
        dobro = 2*a;
        return dobro;
}
```

9.2. Desafio 02

Faça um programa em linguagem C e faça o mesmo código em MIPS assembly.

9.3. Desafio 03

Faça um programa que resolva os produtos notáveis: $a^2 - 2*a*b + b^2$

SOBRE O AUTOR

Marcos Tulio Gomes da Silva Junior é Tecnólogo em Gestão Financeira pela Faculdade Estácio de Sá, possuindo uma especialização Master Business Administrator – MBA em Tecnologia da Informação pelo Centro Universidade de João Pessoa – UNIPÊ e uma pós-graduação em Segurança de Redes de Computadores pela Faculdade Estácio de Sá.

É professor de graduação e pós-graduação tendo lecionado em algumas instituições na cidade de João Pessoa nos últimos anos.

Desenvolve em linguagem de programação MIPS assembly desde 2014 quando começou a lecionar a disciplina de arquitetura e organização de computadores na faculdade.

Para elogios, sugestões, dúvidas, feedback e críticas conecte-se com o autor pelo e-mail mtgsjr@gmail.com

Referências

Assembly Progressivo, Assembly, https://www.assemblyprogressivo.net Acessado em 01/01/2019.

Conjuntos de Instruções MIPS, Arquitetura de Computadores, UNIVESP. https://www.youtube.com/watch?v=VYSy21RwNIc. Acessado em 04/08/2018.

Embarcados, **Arquitetura de Conjunto de Instruções MIPS**, https://www.embarcados.com.br/arquitetura-de-conjunto-de-instrucoes-mips/. Acessado em 12/08/2018.

MARS, Introduction to MARS, http://www.cs.missouristate.edu/MARS/. Acessado em 06/08/2018.

MIPS.com, **Processadores MIPS**, https://www.mips.com/about/. Acessado em 11/08/2018.

Reed, Dale, Universidade de Illinois, **Tutorial rápido MIPS**,
http://logos.cs.uic.edu/366/notes/MIPS%20Quick%20Tutorial.htm. Acessado em 13/08/2018.

University Missouri State, MARS Simulator,
http://courses.missouristate.edu/KenVollmar/mars/,
Acessado em 06/08/2018.

www.ingramcontent.com/pod-product-compliance
Lightning Source LLC
Chambersburg PA
CBHW021146070326
40689CB00044B/1137